CONSIGUIENDO ESE PRIMER TRABAJO O PASANTÍA EN FINANZAS

Pasos comprobados para iniciar su carrera con la ayuda de una Persona de Adentro

Wayne Walker

© Copyright 2019 por Wayne Walker, Todos los derechos reservados.

Este libro fue escrito con el objetivo de proporcionar información que sea tan precisa y confiable como sea posible. Debe consultar con profesionales según sea necesario antes de emprender cualquiera de las acciones aquí mencionadas.

Esta declaración se considera justa y válida tanto para la Asociación del Colegio de Abogados de los Estados Unidos y la Asociación del Comité de Editores y es legalmente vinculante en todos los Estados Unidos.

Además, la transmisión, duplicación o reproducción de cualquiera del siguiente trabajo se considerará el siguiente trabajo, incluyendo información precisa, será considerado un acto ilegal, independientemente de si se realiza de forma electrónica o impresa. La legalidad se extiende a la creación de una copia secundaria o terciaria del trabajo o una copia grabada y solo se permite con consentimiento escrito expreso del editor. Todos los derechos adicionales están reservados.

La información en las siguientes páginas se considera en general como un relato veraz y preciso de los hechos, y como tal cualquier falta de atención, uso o mal uso de la información en cuestión por parte del lector hará que cualquier acción resultante esté únicamente bajo su competencia. No hay escenarios en el cual se consideré de cualquier manera a el editor o el autor de este trabajo responsable de cualquier dificultad o daño que pueda ocurrirles después de utilizar la información aquí descrita.

Tabla de contenido

- INTRODUCCIÓN: ¿POR QUÉ ESTE LIBRO? 5
- COMENZAMOS POR LLEGAR AL PUNTO 7
- CONSEGUIR ESTA RED EN EL CAMPUS 11
- CARRERAS PROFESIONALES EN FINANZAS Y EL IMPACTO DE LA TECNOLOGÍA 17
- RESUMEN O CV? 21
- LA ENTREVISTA 25
- ALGUNAS NOTAS SOBRE ENTREVISTAS TELEFÓNICAS O EN LÍNEA 27
- LA OFERTA DE TRABAJO 29
- NEGOCIANDO EL SALARIO 31
- APROVECHAR AL MÁXIMO LAS PRÁCTICAS O TRABAJO DE ESTUDIANTES .. 35
- EL PRIMER TRABAJO DESPUÉS DE LA GRADUACIÓN 39
- LA ESCENA SOCIAL 43
- EL EJERCICIO DE EVALUACIÓN FINANCIERA DE GCMS 45
- PREGUNTAS DE LA ENTREVISTA DE CANDIDATO A FINANZAS 53
- RECURSOS 61
- CONCLUSIÓN 63
- PERFIL DEL AUTOR 65

INTRODUCCIÓN: ¿POR QUÉ ESTE LIBRO?

La pregunta que debe responderse para cualquier libro de este tipo es, ¿por qué? ¿Cuál es el punto de? ¿Estoy simplemente llenando las páginas con palabras, o hay algún valor claro que se proporcionará a los lectores. Me saltare el suspenso. Creo que este libro cumple el objetivo de entregar valor en tantas páginas que sean necesarias pero sin exceso (mis otros libros son conocidos por llegar al punto).

En las siguientes páginas, compartiré, en una conversación directa, lo que se necesita para abrir las puertas a un trabajo o carrera en finanzas. La conversación directa se acerca de mi experiencia personal de trabajo en banca y finanzas sectores en varios países y continentes. Lo más importante para los lectores son las ideas que he compartido con los estudiantes y recientes graduados a nivel mundial. Estas ideas y consejos se han utilizado con exitosos resultados. En términos simples, este es el libro que deseaba que estuviera disponible cuando me gradué de la universidad. Mis sugerencias han funcionado para miles, PERO no soy lo suficientemente arrogante como para sugerir perfección, como cualquier cosa o cualquiera puede ser mejorado.

COMENZAMOS POR LLEGAR AL PUNTO

El resultado final para asegurar el trabajo una vez que tenga una entrevista es convencer a los entrevistadores de que los ayudará a alcanzar sus objetivos mejor que cualquier otro candidato. Por favor piense en esto cuidadosamente ... debes convencerlos de que eres el mejor candidato para ayudarlos a alcanzar sus metas. Es tan importante que debes repetirlo. Intenta imaginarte un escenario donde se inviertan los roles. ¿No es esto lo que usted también querría de un candidato? ¡La respuesta debería ser un claro sí!

Su tarea es averiguar lo más posible sobre los objetivos de la departamento o gerente que llevará a cabo la entrevista o entrevistas. Afortunadamente, vivimos en la era de Internet donde un océano de información está disponible de forma gratuita o casi gratuita. Investigaras allí para obtener tanta información relevante como sea posible. Si ya lo conoces a alguien dentro de la firma, entonces tienes un arma secreta ideal para desplegar en la batalla.

Lo que realmente importa

El párrafo anterior se refiere a la entrevista. Ahora, examinaremos algunos de los pasos para asegurar esa entrevista. El más importante es tu red profesional de personas que conoces y *quienes ellos conocen*. Realmente desearía que hubiera una forma mágica de evitar este hecho. Si no lees otra oración en este libro, solo entiende este punto y estás a medio camino de tu objetivo. Esto es injusto y supongo que es políticamente incorrecto, pero no tengo tiempo para eso y tú tampoco. Sus conexiones desempeñarán un papel exagerado al comienzo de su carrera, afortunada o desafortunadamente, y ellos te seguirán.

Antes de profundizar en esto, debo dejar en claro que obviamente sus calificaciones y la reputación de la escuela a la que asististe juegan un papel importante, pero una buena red de conexiones los supera cada vez... con facilidad.

Comenzaré usándome a mí mismo como ejemplo, y compartiré ejemplos de estudiantes a los que he enseñado en todo el mundo, Europa, Asia, Estados Unidos. El enlace común a la mayoría de sus éxitos o desafíos en asegurar ese trabajo inicial es su red.

Mi viaje: Conseguir mi primer trabajo en la ciudad de Nueva York fue influenciado por las personas que conocía en la industria. Los primeros trabajos bancarios que fui capaz de conseguir en Europa fueron de consejos que me dieron amigos. Tan buenos eran los consejos que uno de los trabajos era de una de esas entrevista "sin entrevista" esas situaciones que se vuelven más comunes después de los primeros trabajos. Esta "no entrevista" significa que, en lugar de una entrevista tradicional, simplemente discuten si hay una reunión entre las mentes de usted y su potencial empleador.

¿Mi situación fue única? ¡Absolutamente no! Me puedo referir a un panel de oradores de la noche internacional de carrera en el que me senté hace unos años. En el panel, todos tuvimos la oportunidad de describir brevemente el proceso de cómo conseguimos nuestros trabajos. La mayoría estuvieron en posiciones debido a la entrevista "no entrevista". Para asegurar sus posiciones, básicamente tenían una discusión con alguien que ya conocían de su red.

Ahora los cínicos pueden pensar, bueno Wayne, eso está bien para ti y para otros profesionales experimentados, pero ¿qué pasa con nosotros los estudiantes? Incluso si estás de acuerdo con lo que escribí en principio, podrías preguntarte qué puedes ofrecer como "solo un estudiante". Mi opinión es que cualquiera que subestime las redes con un estudiante universitario está perdiendo muchas oportunidades. Los resultados para mi empresa a través de las conexiones "solo un estudiante" han sido fantásticas. Desde ofertas internacionales hasta educación en línea, socios, clientes privados, etc., la lista es muy larga.

Algunos consejos: como estudiante, TIENES algo que ofrecer. Usted está en el conocimiento, en muchos casos, de las últimas tecnologías y tendencias, que es un bien valioso Otro punto clave es que lo harás graduado; por lo tanto, su situación y posibilidades cambiarán. Incluso como estudiante, su red existente es probablemente más valiosa de lo que usted creería Cualquier profesional o empresa inteligente debe ser consciente que los estudiantes no solo caen del cielo. Nunca puedes estar seguro de quienes son amigos, padres o parientes de estos estudiantes.

Resultado Final

Desde mi experiencia en el mundo real de tratar con estudiantes de finanzas globalmente, el resultado final con asegurar la mayoría de sus trabajos tenía que ver con alguien en su red, y en algunos casos, fui yo compartiendo mi red con algunos de ellos.

CONSEGUIR ESTA RED EN EL CAMPUS

Sería una decepción hacer un gran problema sobre el papel de su red sin ofrecer algunos pasos sobre cómo adquirir una. Como estudiante, tus primeros movimientos comienzan en el campus. Únete a cualquier grupo de finanzas o club que te interese lo más rápido que puedas. El objetivo final, será que comiences el proceso de construir una red profesional. Claro, aprenderás muchas cosas nuevas, pero al final, el objetivo es la expansión de tu contactos. Por ejemplo, en Europa, algunos clubes de estudiantes son muy populares y profesionales. He trabajado con muchos de ellos. En la Universidad de Groningen en los Países Bajos, por ejemplo, los líderes del club están fuera de la escuela por el tiempo que dirigen el club. En otras palabras, es un trabajo a tiempo completo. Así de serios pueden ser los grupos.

Los diferentes clubes organizan clases prácticas sobre diversos temas, algunos en los que he enseñado también tienen noches de compañía. Una noche de compañías es cuando los bancos, etc. tienen cenas donde los estudiantes pueden conocer y conectar con el personal ellos mismos para pasantías de verano y primeros trabajos. Muchas, pero no todas, de estas noches de networking tienen un umbral promedio de calificaciones; por lo tanto, necesitará buenas calificaciones para participar.

Liderazgo

Ahora que está en el grupo, el siguiente paso es ir más allá de ser un miembro sin rostro; saca el cuello y solicita una posición de liderazgo. Esto le dará la oportunidad de practicar el liderazgo en el ambiente seguro de la escuela. Si comete un error, ¿y qué? Todo es perdonado porque eres un estudiante. Es mejor cometer errores comerciales en el ambiente seguro de la escuela y no en tu vida profesional.

En muchos casos, sus habilidades para hablar en público mejorarán dramáticamente. Una nota sobre hablar en público, practica esta habilidad tan a menudo como puedas, una de los mejores Retornos de Inversión de tu tiempo en la escuela.

Ok, volvamos al liderazgo. Con un rol de liderazgo, puede maximizar y turbo alimentar tus oportunidades de networking. Serás el punto de contacto para todas las empresas y socios externos. Esto también podría conducir a la creación de redes con otros negocios o clubes financieros en otras universidades. para expandir su red aún más! Obviamente, se ve bien en tu CV, y le ayuda a destacarse en el campo a menudo concurrido de competidores.

Manos a la Obra

Ya sea como miembro del club o no, tan pronto como sea posible, asegure una capacitación práctica en cualquier área de finanzas que le atraiga. Mientras más práctico sea el entrenamiento, mejor. Recuerda, en la universidad, tú obtendrás toneladas de teoría; por lo tanto, en su tiempo libre, no hay más teoría necesaria. Las habilidades prácticas te ayudan a destacarte en el proceso de selección de pasantías o trabajos. Otra ventaja de estas clases prácticas es que puedes conectarte con estudiantes de ideas afines, y pueden ayudarse mutuamente en el proceso.

LinkedIn

Cree y mantenga una cuenta de LinkedIn lo antes posible. Esta es la herramienta preferida para las redes financieras y empresariales. Omita la foto de perfil de usted en un concurso de beber cerveza y agregue uno de usted como una persona en su camino hacia adelante en la vida. A partir de ahí, puede comenzar a conectarse con personas en empresas que le interesan, especialmente ex alumnos de su universidad. Una nota de precaución, conectarse con alguien y luego al día siguiente, suplicar favores se considera de muy mal gusto. La persona probablemente te bloqueará o ignorará. Otro punto en la red el viaje es comenzar el proceso mucho antes de que necesite usarlo.

¿Qué estudiar?

Una pregunta popular que recibo de los estudiantes es: "¿Qué tan importante es mi carrera de grado?" La respuesta rápida, es importante, pero no es un factor decisivo. Mientras haya una base de clases que incluya una combinación de economía, finanzas, estadísticas, etc., entonces estás bien. De mis días en el lado del escritorio que contrata, contraté a graduados en historia; lo más importante para mí era el interés y la actitud de la persona. Tener un buen antecedente en finanzas tampoco lastima. Muchas empresas y bancos tienen sus propios programas de entrenamiento, y te enseñarán mucho de lo que necesitas saber.

Para ser realistas, la historia o la especialización en inglés aumentarán sus posibilidades al realizar una pasantía en un banco o tener una cuenta comercial demo como evidencia de su interés, por ejemplo en el comercio. También si tiene un objetivo específico para ser contable, entonces no es de extrañar, sus clases lo harán tener un gran enfoque en ese tema.

Criptomonedas y blockchain

Al momento de escribir, las criptomonedas y la tecnología blockchain está con nosotros. Ambos todavía son relativamente nuevos, y se recomienda que aprendas y entiendas los principios fundamentales de ellos. Para los que no estén al tanto, blockchain es la tecnología subyacente para CRIPTOMONEDAS. Este no es un artículo de opinión sobre la tecnología; sin embargo, si está asesorando a clientes, incluso si no le gusta personalmente un producto, es posible que aún deba conocerlo.

Idiomas

Fuera de las clases de negocios, una cosa que deberías empezar a considerar es trabajar en tus habilidades lingüísticas. Esto es probablemente más enfocado a los estudiantes de los Estados Unidos, cuyas habilidades en idiomas extranjeros, en general, no son tan fuertes como la de los europeos y otros. La abrumadora mayoría de los estudiantes que enseño en Europa tienen fluidez o casi fluidez en un mínimo de 2 a 3 idiomas, estudiantes de los Estados Unidos no tanto. Cuantos más idiomas, más oportunidades para ti; eso es sencillo.

¿Idiomas con un retorno de la inversión probado? El inglés es el ganador, como muchos lo llaman el lenguaje del dinero. Árabe, ruso, alemán o mandarín también son boletos para grandes bonos si usted está trabajando en un equipo comercial, gestión de patrimonio privado y afines, Sí, muchos de estos clientes hablan inglés, pero al igual que otras personas en el mundo, prefieren hacer negocios en su lengua materna, especialmente cuando se trata de su dinero.

De mis años de experiencia en la gestión de comerciantes de divisas, los equipos de Medio Oriente, Rusia y Asia tenían grandes volúmenes de negociación. A sus clientes les gusta la actividad, y esto es bueno para la bonificación del equipo. Para equipos de gestión de riqueza, mucha de la nueva riqueza en el mundo proviene de los mercados emergentes; por lo tanto, saber sus idiomas es un plus.

La Reputación de tu Escuela

La reputación de tu escuela es importante, pero no es tan importante como algunos intentarán que se vea. Ve a la escuela que funcione para ti en el sentido de que te sientes cómodo allí. Como la gente suele decir, "Ve a donde seas celebrado y no solo tolerado". Gastar 3 a 6 años en un lugar que odias no suena tan atractivo. La reputación de tu escuela jugará un papel en la decisión de un banco o empresa que quiera visitar una noche o día de carreras. Sin embargo, si ha estado construyendo sus contactos durante su tiempo en la universidad, luego la reputación de su escuela quedará en segundo o tercer lugar en términos de su importancia para conseguir un trabajo.

CARRERAS PROFESIONALES EN FINANZAS Y EL IMPACTO DE LA TECNOLOGÍA

¿Dónde comenzar tu carrera en finanzas? Mucho depende de tus intereses. Las personalidades más extrovertidas podrían entrar en ventas, y el ´más cerebro podría entrar en opciones como comercio algorítmico. Es importante tener en cuenta que muchos de los puestos son especializados; por lo tanto, una vez que estás dentro, estás realmente dentro.

Banca de Inversión

Hay algunos de los trabajos que a menudo ves en las películas. Acción, glamour, dinero y largas horas. Donde terminas, nuevamente, depende de tu interés y aptitud. Puedes estar en una mesa de negociación ejecutando operaciones de Forex u opciones de cambio. También podría incluir dar consejos comerciales a individuos y corporaciones de alto patrimonio. Muchas empresas de banca de inversión se dividen en divisiones y regiones. Esto también ofrece muchas oportunidades para internacionalizarse si eso es un deseo.

Banca comercial

La banca comercial es con lo que la mayoría de la gente está familiarizada al mencionar la banca. Esto podría incluir su banco local para préstamos e hipotecas. Aquí es a donde vas si prefieres el ambiente local como gerente de sucursal u oficial de préstamos, etc.

Planificación Financiera

Los planificadores financieros y los administradores de patrimonio privados trabajan con clientes para planificar la mejor manera de cumplir con los objetivos financieros del cliente. Esta podría incluir planificación fiscal o estrategias de inversión, por nombrar solo algunas.

Capital privado

Los equipos de capital privado trabajan con la búsqueda de capital para empresas, por ejemplo, una expansión regional o global. También pueden estar involucrados con reestructuraciones corporativas o adquisiciones.

Finanzas corporativas

Las finanzas corporativas podrían implicar trabajar con fusiones y adquisiciones, preparación de estados financieros o tratar con auditores

Los fondos de cobertura

Los fondos de cobertura son fondos de inversión privados donde los gerentes tienen mucha libertad en cómo y qué invierten o comercian. Pueden usar apalancamiento, derivados, junto con la reducción del mercado. Los trabajos son considerados calientes, y no es de extrañar, que la competencia sea intensa. Posibles posiciones en los fondos de cobertura incluyen operadores, gestores de cartera, analista cuantitativos, etc.

Preparación para el futuro (El impacto de la tecnología)

Las finanzas son un área que ha sido impactada y continuará siendo impactada por la tecnología. Sería un perjuicio para usted si ignoramos o pasó por alto este tema.

Cuando comencé en finanzas, los técnicos generalmente solo eran vistos como un gasto en el banco donde trabajaba. En los últimos años, ha habido un cambio mental notable en la industria, a donde ahora son parte de la oficina principal (donde se hace el dinero). Analistas cuantitativos y programadores ahora se espera que formen parte del equipo para aumentar los ingresos.

Primero, tienes comercio algorítmico (algos), que es un método de ejecución de operaciones utilizando operaciones automatizadas con instrucciones preprogramadas considerando variables como precio, tiempo y volumen. Esto a veces se conoce como comercio de caja negra. Además de ejecutar grandes intercambios, también puede valorar los activos más rápido que los humanos, lo que puede ser una amenaza para algunas opciones o equipos de enlace.

A continuación, están los robot-asesores. Aquí es donde los clientes bancarios pueden obtener asesoramiento financiero o información comercial con poca o ninguna interacción humana. Los asesores son ejecutados por algoritmos.

Impacto en el trabajo

En cuanto al impacto en el papel de los banqueros y especialistas en finanzas, simplemente significa que tener habilidades básicas de ahora en adelante no será suficiente. Tú necesitarás recibir capacitación adicional fuera de lo que generalmente se ofrece en muchas universidades Por ejemplo, habilidades de programación: MQL4, Python, o C ++. En la sección de referencia de este libro, se sugieren libros que pueden ayudarlo más sobre estos temas.

Lo que los profesionales astutos también ven como la influencia a corto plazo de nuevas tecnologías es que habrá menos enfoque o tiempo dedicado a la rutina tareas. Otra forma de verlo es que la tecnología no eliminará comerciantes o gestores de patrimonio; en cambio, en realidad les permitirá desempeñarse en un nivel superior y ser más productivo. Por ejemplo, con A.I. (Inteligencia artificial) desatada, puedes identificar clientes de bajo rendimiento más rápido o recibir alertas de no pasar por alto oportunidades de inversión.

RESUMEN O CV?

Primero, un poco sobre las diferencias. Las diferencias notables están en la longitud y propósito. Un resumen es una breve instantánea de sus habilidades y experiencia, y un CV es más detallado. Tu resumen suele ser una página o máximo dos páginas de largo. Un CV, en teoría, podría utilizar de cuatro a seis páginas Dónde se encuentre en el mundo determinará qué es lo mejor para usted. En los Estados Unidos, un currículum es más común; para Europa, Asia y Oriente Medio, un CV es la norma.

Cualquiera sea el formato que elija, le sugiero que lo mantenga máximo de dos páginas e inicie con lo que es más relevante para el puesto al cual esté aplicando. Como una persona que ha realizado una buena cantidad de entrevistas y contratado, puedo decirte que rara vez leía más allá de una o dos páginas. Yo estaba simplemente muy ocupado, como muchos otros gerentes y líderes regionales. Nosotros solo queríamos llegar al punto, es decir, ¿puede ayudarnos a lograr nuestros objetivos?

Incluirá lo básico; su nombre, dirección, etc. En Europa, especialmente en el norte de Europa, muchas personas incluyen su fecha de nacimiento junto con una foto. Dependiendo de su país, fotos y fechas de nacimiento puede considerarse exagerado. Además de los conceptos básicos mencionados, destaque cualquier actividad remunerada o no remunerada que haya realizado y sea relevante para el puesto.

Unas pocas palabras sobre tus posiciones menos glamorosas. Si trabajaste como mesero, mucama, etc. mientras estuviste en la escuela, siéntete libre de mencionarlo. Estos puestos muestran ética de trabajo tan bien como cualquier otro. Tenga en cuenta que las personas que realizaran las entrevistas también tuvieron una amplia gama de trabajos en la universidad. El trabajo de verano que tenía antes de comenzar la universidad incluía cortar césped en el sol hirviendo! Nunca hubo un problema para encontrar trabajo por eso. Más tarde en la vida, incluso fui un "extra" o un elenco de apoyo miembro de la Royal Opera de Dinamarca. No estoy aplicando más a trabajos, pero cuando la gente me contacta para consultar proyectos o para coaching profesional, una de las primeras cosas que la gente me pregunta es acerca de ese trabajo. Cualquier lugar que no lo contrate solo porque usted limpiaba habitaciones, probablemente sean personas en las cuales no quieras gastar demasiado tiempo. Recuerda que estás entrevistando a la empresa tanto como te están entrevistando.

CV no solicitado

Si cree que una empresa tiene oportunidades irresistibles para su futuro, entonces no hay necesidad de esperar hasta que haya una vacante oficial. Si ellos creen que sus propuestas de valor para ayudarlos a alcanzar sus objetivos son válidas, las puertas se abrirán. Por lo menos, serás la primera persona en la lista cuando haya una vacante. Tu iniciativa de dar un paso adelante no tiene inconvenientes.

Sistemas de seguimiento de candidatos

Vamos a revisar la tecnología que muchos de ustedes enfrentarán en la búsqueda de trabajo. Es una práctica casi común ahora para las grandes empresas en muchas industrias implementar Sistemas de Seguimiento de Solicitantes, y el mundo financiero no es diferente. Estos sistemas funcionan escaneando CV y hojas de vida para palabras clave y frases. En teoría, esto asegurará que solo los candidatos mejor calificados avancen en el proceso de búsqueda de empleo. Por desgracia, este no es siempre el caso.

Ahora, solo me pregunto cuántas personas calificadas han sido pasadas por alto simplemente porque no colocaron en sus hojas de vida suficientes palabras clave. Con suerte, esto finalmente conducirá a casa el punto sobre tener una red de conexiones. Si su red es lo suficientemente fuerte, en muchos casos, puedes saltarte este paso.

Carta de presentación

Su carta de presentación es otro paso importante en la búsqueda de empleo. Aquí su objetivo es lograr que el lector se interese lo suficiente como para darle una segunda mirada y te invite a una entrevista. Querrás incluir por qué estás interesado en el puesto y por qué deberían invitarte a esa entrevista.

LA ENTREVISTA

Ahora finalmente estás en el momento crucial. Si ha llegado a la entrevista, entonces sus posibilidades de conseguir el trabajo son razonablemente buenas. Si pensaran que no tenías oportunidad, no hubieras llegado tan lejos.

La clave para tener éxito en la entrevista es la preparación. Usted estará preparado cuando sepa sobre la empresa, dónde están y dónde quieren estar. Entonces te vuelves más específico. Investigarás el papel del departamento para el que se está entrevistando en el panorama de la empresa. Siempre debes tener en cuenta lo que motiva a el otro lado (el entrevistador). El proceso de preparación también incluirá tanta práctica como sea posible en responder preguntas comunes de entrevista. Esto ayudará a darle una presentación más pulida. Una recopilación de estas preguntas de muestra se encontrará en un capítulo posterior.

Como ha sido mencionado, debes convencer al entrevistador de que eres la mejor persona para ayudarlos a alcanzar sus objetivos. Lo lograras proyectando la imagen de confianza, y obtendrás esta confianza preparándote. Muchos estudios revelan que la decisión sobre si usted capturar la posición o no se realiza dentro de los primeros cinco minutos; por lo tanto, su energía y seguridad debe ser sentida por todos en la sala

Por lo general, usted escuchará más de lo que habla, pero también querrá tener una lista de preguntas sobre el puesto y la empresa para cuando pregunten si tienes alguna duda. No tener ninguna pregunta cuando llegues a esta parte de la entrevista no es bueno. Por ejemplo, tu pregunta podría ser, obtener más información sobre la progresión típica de carrera para alguien que tiene el puesto que usted está solicitando.

Resultado Final para entrevistas

Lo crítico que buscaba al hacer entrevistas era si o no hubo una coincidencia entre el CV y la persona que vi en delante de mí. Si algún candidato me dijo "Tengo una pasión" pero no mostró evidencia de ello, entonces las cosas generalmente no salían bien. Si tienes un "Pasión por el comercio", es mejor que vea mucha evidencia, por ejemplo, más entrenamiento o clases que tomaste fuera de lo que era obligatorio para tu título. ¿Eras miembro de un club de finanzas? Tuviste una cuenta demo de trading? Estas cosas traen alineación entre el CV y la persona.

ALGUNAS NOTAS SOBRE ENTREVISTAS TELEFÓNICAS O EN LÍNEA

Muchas personas me preguntan cómo abordar una entrevista telefónica. Las entrevistas telefónicas o en línea son comunes hoy en día, por lo que se necesita una estrategia. La buena noticia es que utilizará la mayoría de las sugerencias que hemos cubierto para la entrevista en persona. Sin embargo, sus habilidades para escuchar tendrán que subir de nivel debido a que no puede ver a el entrevistador.

La preparación es clave, al igual que con la entrevista en persona. Necesitará un área tranquila, libre de cualquier TV, fondo o ruido de la calle para conducir la llamada. Un block de notas o cuaderno de algún tipo es otro cosa que debe tener. Esto es esencial para tomar notas de cualquier número o hecho clave discutido que le gustaría consultar más adelante en la llamada. Esto también evita la necesidad de pedir que se repitan las cosas, y presenta una impresión pulida al entrevistador.

Muchas personas, incluyéndome a mí, parecen desempeñarse mejor en estos tipos de entrevistas estando de pie. Otro consejo que ha funcionado para muchos es vestirse como si estuviera casi en una entrevista en persona. Estas leyendo correctamente. Te vistes como si estuvieras allí. Se ha demostrado que proporciona un impulso mental, de la misma manera que como te vistes para otras áreas en tu vida puede influir en cómo actúas.

Un consejo de mis muchos años de hablar en público que debería proporcionar un ventaja extra para ti; antes de la entrevista, debe beber un buen cantidad de agua para lubricar su garganta. No hay necesidad de pasarse de la raya, solo unos vasos antes y luego un vaso o agua embotellada al lado durante la entrevista.

Si está haciendo una entrevista en línea, entonces lo obvio es que debe tener una conexión a internet sólida, y todos tus dispositivos tecnológicos deberían estar totalmente cargados y probados antes de la entrevista.

LA OFERTA DE TRABAJO

Buenas noticias! Tienes la oferta por la que has trabajado tan duro. El primer paso es asegurarse de que lo básico sea correcto; el puesto y el salario son lo que tenías en mente. Dependiendo de la posición, la oferta será hecho tanto por teléfono como seguido por correo o correo electrónico. Corregirá cualquier discrepancia de inmediato y luego pasará a los siguientes pasos. Para aquellos que no están seguros, tenga en cuenta que en un trabajo la oferta y aceptación por teléfono es legalmente vinculante.

Revise cuidadosamente si esta es la compañía en la que realmente quiere trabajar, examine los pros y los contras nuevamente. Si tienes el buen "problema" de evaluar varias ofertas de trabajo, solicite más tiempo para tomar una decisión adecuada. Sin embargo, sea realista y considerado; tomarse semanas para decidir no es recomendable.

NEGOCIANDO EL SALARIO

Como pasante, el salario no es la máxima prioridad. Las prioridades son la experiencia y construcción de una red de contactos. Para un graduado nuevo o reciente, todavía no es la máxima prioridad, pero tiene más importancia. Como graduado, ya no eres estudiante y no debes conformarte con un pago insuficiente. En caso de duda, está bien preguntar sobre el salario. rango para su posición. Según las otras habilidades adicionales que tenga (idiomas extranjeros, programación, etc.), obviamente puede exigir colocarse en el extremo superior del rango.

Flexibilidad

Los nuevos graduados a menudo se sorprenden de cuánta flexibilidad hay en los salarios No es desconocido o inusual para las personas que realizan trabajos idénticos en una empresa tener salarios muy diferentes. Esto puede deberse a cuando comenzaron, a quién conocen, la estrechez en el mercado laboral, o su propio asertividad. Recuerde el viejo dicho: "La boca abierta se alimenta". Como muchos deberían saber, su salario es solo un aspecto de su compensación. Debe saber qué otras ventajas o beneficios están disponibles Si la empresa es generosa, por ejemplo, patrocinando más allá la educación o capacitación, entonces un salario inicial más bajo puede ser pasado por alto en el panorama más alto. A medida que subes la escalera corporativa, Sugiero que su flexibilidad con el salario se reduzca.

Valor vs horas

Trabajar profesionalmente en la banca rara vez implica ser pagado por hora. Sí, hay pautas dependiendo de su país, pero en general, los comerciantes y los banqueros de inversión trabajarán desde 40 a 60 horas por semana. Me gustaría asesorarte al principio de tu carrera para centrarse en el valor que aporta a un equipo frente a cuántas horas usted está allí. Hay una gran diferencia entre estar ocupado y ser productivo. Esta vieja práctica de acumular un número loco de horas, con suerte, está de salida, como la tendencia del almuerzo líquido de la década de 1990.

Un equipo que manejé tenía una madre con un niño pequeño asistiendo escuela, y ella hizo una práctica de irse temprano para sacarlo de escuela todos los días. Se me acercó cuando se unió al equipo sobre la necesidad especial que ella tenía. Honestamente, al principio dudaba, pero ella me prometió un rendimiento excepcional. En pocas palabras, ella resultó ser el principal productor del equipo, y no debería sorprender que también di a ella la mayor bonificación en nuestro equipo. En realidad, ella hizo más dinero que yo

Cualquier gerente serio se centrará en el valor que aporta y no en cuantas horas pasa en la oficina. Esto es algo que siempre debes recordar, especialmente cuando se trata de salario o tiempo de negociación de bonificación.

APROVECHAR AL MÁXIMO LAS PRÁCTICAS O TRABAJO DE ESTUDIANTES

Ahora tienes tu pasantía, ¡felicidades! Examinemos cómo maximizar su tiempo en el puesto. El objetivo más obvio es aprender tanto como pueda, y debería. Prestando especial atención a qué tipos de comportamientos se premian y cuáles obtienen castigo. Durante todo este proceso, debe mantener una mente abierta tanto como sea posible y simplemente absorba la información. Esta mente abierta también significa abierta a hacer cosas que no están exactamente en la descripción de su trabajo. Por ejemplo, en el equipo comercial del que formaba parte, debido al idioma y habilidades de un pasante que trabaja con nosotros, a veces, ayudó a ejecutar intercambios. No era parte de su trabajo, pero estaba abierto y, a su vez, le dimos más formación. Para evitar cualquier malentendido, esta apertura no da la luz verde al comportamiento poco ético.

En pocas palabras, una pasantía es demasiado temprana en la exploración de la carrera para decidir lo que querrá hacer como primer trabajo después de graduarse.

Confiar

Como empleado interno o estudiante, se lo considera parte del equipo pero todavía un poco extraño. Esto lo sé por haber trabajado con algunos pasantes en los equipos que manejé. En algunos casos, por extraño que parezca, las personas pueden compartir o confesarle cosas que no harían con otros miembros regulares del equipo. Esto es porque, como pasante, estás como en una categoría protegida. Tus errores serán perdonados mucho más rápido y fácil que a otros. El único error que NO será perdonado es compartir, sin permiso, cualquier información confidencial que haya sido dado a ti. Básicamente, habrás roto la confianza, y dependiendo con quién hiciste esto, tus días restantes como pasante podrían ser un verdadero infierno.

Creación de mercado

Un equipo que menciono a menudo en clase, cuando me preguntan dónde está uno de los mejores departamentos o equipos para unirse si su interés está en el comercio o la división de mercados de un banco, es creación de mercado. Es donde aprenderá mucho sobre el comercio interbancario y profundizará ideas sobre cómo trabajar un libro de pedidos. Esta capacitación te proporcionará una base sólida para casi cualquier otro departamento más adelante. Mercado creadores que conozco han pasado a ser jefes de divisiones comerciales, CEOs de intermediarios medianos, e incluso jefes de ventas.

Redes para pasantes

Durante su experiencia como pasante, no es sorprendente, su objetivo, después de aprender habilidades prácticas, es hacer contactos y comenzar a construir contactos profesionales. Estas son las personas que te recomendarán para otra pasantía o te contactaran con las personas que dirigen el nuevo programas de postgrado. Por experiencia personal, muchos de los nuevos operadores contratados a menudo fueron empleados antes como pasantes de verano o invierno. La retroalimentación de los estudiantes que he enseñado en las clases de GCMS es que muchos tuvieron sus primeros trabajos de pasantías.

Una cosa para tener en cuenta es que las personas en finanzas se mueven mucho, entre empresas y países. Aunque las finanzas y la banca de inversión son globales, en realidad, nos conocemos mutuamente más de lo que pensarías con solo observar desde el exterior. Esto es otra razón para proteger su reputación como lo haría con su vida. Un amigo o enemigo hecho en un banco podría estar esperándote en tu próximo empleador como colega, jefe o jefe de su jefe!

Diferencias de red en Europa y Estados Unidos

Afortunadamente, las diferencias no son tan grandes, pero las diferencias sutiles importan. La importancia de estar al servicio de los demás primero y hacer las conexiones ANTES de que las necesite siguen siendo las mismas.

En Estados Unidos, caminar hacia extraños y conectarse no es un gran problema, y en la ciudad de Nueva York, donde pasé gran parte de mi carrera, eso es casi esperado. En Europa, especialmente en el norte de Europa (Noruega, Suecia, Dinamarca, Finlandia), las personas podrían considerar este comportamiento agresivo. En Londres, las cosas están un poco más cerca del estilo de Nueva York, pero con un borde un poco más suave, dependiendo de su círculo. Por lo tanto, para los estadounidenses, en Europa, deberan considerar atenuar un poco las cosas si eres el típico neoyorquino adelantado. Para mis lectores europeos, cuando se trata con personas de los Estados Unidos, hable, como dice el viejo dicho: "¡La boca abierta se alimenta!"

EL PRIMER TRABAJO DESPUÉS DE LA GRADUACIÓN

Notas de la foto: No es mi primer trabajo después de graduarme de la escuela, pero todavía tengo una red de contacto hasta el día de hoy con miembros de mi antiguo equipo. Por cierto, todos estamos ahora en diferentes bancos o hemos comenzado nuestras propias empresas.

Soy el tipo demasiado feliz en el medio con los brazos extendidos.

"Mundo real"

Bienvenido al "mundo real", como dice el cliché. El tan llamado mundo real en realidad no es tan malo. La primera buena noticia es que finalmente deberías estar recibiendo dinero real. Mucho de lo que se sugirió para los pasantes. se puede aplicar a nuevos graduados, pero hay más urgencia. Tus adquisición de habilidades y la construcción de redes aumentan algunos niveles.

La adquisición de habilidades, en la práctica, es que tan pronto como sea posible después de completar la capacitación inicial, comience a buscar capacitación adicional o, por lo menos, que otros sepan que este es su deseo. En la mayoría de los casos, su gerente verá esto positivamente. En muchos bancos, los gerentes son evaluados según el progreso de sus equipos. Por ejemplo, si administra un equipo donde muchas personas son promovidas, eso se refleja positivamente en el gerente. Él o ella está haciendo algo bien, además también hace que el equipo del gerente sea muy atractivo. Todos querrán trabajar allí. ¿Quién no querría trabajar en un equipo donde la gente progresa?

Redes de contacto en el primer trabajo

Se aplican las reglas de la red interna que ya estaban cubiertas, pero hemos refinado las cosas. Lo que notará rápidamente una vez que trabaje en una mesa de negociación es cuántas personas han trabajado entre sí en algún punto en sus carreras. Esto aplica no solo para comerciantes, gerentes de riqueza y creadores de mercado, incluso los equipos de marketing tienen a menudo contactos de trabajos anteriores.

Uno de sus objetivos como nuevo miembro del equipo es mostrar cierta flexibilidad. y estar abierto a hacer favores, por ejemplo cambiar horarios de trabajo con un colega si trabajas en un escritorio las 24 horas. Como se mencionó anteriormente, esto, la flexibilidad nunca incluye cosas poco éticas. Ser poco ético lo alcanzará rápidamente, y ahí se va su carrera.

En muchas empresas, experimentará una cierta cantidad de rotación en el personal. Las personas que te agraden, conserva lazos estrechos con ellos tanto como sea posible. Se convertirán en su fuente de noticias para lo que está sucediendo en otras empresas, además de que ahora tiene acceso a otra red de contacto. Te en cambio, serás su fuente de noticias de lo que sucede en su firma. El punto para tener en cuenta es que, tan a menudo como las personas abandonan las empresas, pueden regresar a la misma empresa en un año o dos!

LA ESCENA SOCIAL

Muchos libros de carreras se saltan esta parte porque puede ser delicada. Soy conocido por decirlo como es; Por lo tanto, puedo hacerlo. El mundo de la banca comercial y de inversiones, a veces, parece una gran fiesta (fuera del trabajo). Varios factores contribuyen a esto; el primero, es tu salario bien pagado. En la mayoría de los casos, tendrá un salario que le permitirá más espacio de entretenimiento que a la persona promedio. En el caso de que no lo haga, no debe preocuparse porque hay muchas reuniones de empresas. En Escandinavia, donde resido parte del año, hay una cosa llamada "barra de viernes" o "barra de fredag" en danés, donde los bancos o empresas comienzan la fiesta para usted todos los viernes en las instalaciones de la compañía. Solo puedo decir que disfruté todos mis bares de los viernes sin ningún incidente. Desafortunadamente, no puedo decir lo mismo para todos, especialmente aquellos nuevos en la banca. Realmente necesitas estar atento a estos eventos; diviértete sí, de hecho diviértete mucho! Sin embargo, con el alcohol, especialmente mientras todavía está en la propiedad de su empleador, me mantendría del lado conservador.

En las fiestas navideñas de la compañía, siempre intentaba irme antes de que las cosas se volvieran demasiado locas. Yo no era un ángel, mis amigos y yo tomamos la fiesta extra en otro lugar, lejos de la vista de todos nuestros colegas que veríamos el lunes por la mañana. Algo para que tengas en cuenta.

Citas en el trabajo

Citas en el trabajo han sucedido en todos los lugares donde he trabajado. Desde mi trabajo de verano como consejero de campamento en Nueva York durante mis días universitarios hasta la gestión de equipos de banqueros en Europa. Durante mi tiempo como empleado, he visto a muchas personas reunirse y terminar casadas en el trabajo, por lo que hay algunos finales felices.

Te sugiero que hagas las citas en el trabajo a tu discreción. Algunos de los obvios no, no, salir con su jefe o acosar a las personas por citas, no solo lo despedirán o demandarán, sino que también podría terminar en el tribunal penal defendiéndose. La mejor idea es salir con personas fuera de donde trabajas. Para una divulgación completa, también tuve citas en dónde trabajaba, y en comparación con tener citas fuera del trabajo, parecía que salir del trabajo era menos complicado y estresante. Al final, tendrá que ver qué funciona mejor para usted, y en el entorno legal actual, sería muy cuidadoso.

¿Estás pensando en juntarte en medio de la jornada laboral? Resiste la urgencia. Las pocas veces que escuché que esto sucedía mientras estaba en el trabajo, siempre terminó mal para las personas involucradas.

EL EJERCICIO DE EVALUACIÓN FINANCIERA DE GCMS

Este examen de evaluación fue diseñado para darle algunos comentarios sobre su conocimiento de los principios básicos del mercado de capitales. Las preguntas deberían hacerte pensar, pero no deberían ser demasiado desafiantes ya que estos son los conceptos básicos. La mayoría de los exámenes rara vez dan más de un minuto por pregunta; por lo tanto, para ser realista, debes ponerte a prueba con eso (un minuto) como punto de referencia. Si tienes problemas, entonces debería, por supuesto, buscar capacitación práctica o libros para ayudar a llenar el brechas.

Tenga en cuenta que los exámenes completos generalmente tendrán de 50 a 100 preguntas Esto solo pretende ser un "aperitivo".

El ejercicio de evaluación financiera de GCMS

1. ¿Cuál de las siguientes afirmaciones sobre el comportamiento del ahorro es más precisa?

(a) Los aumentos esperados en los ingresos alientan a las personas a ahorrar menos.

(b) Las tasas de interés más altas hacen que las personas estén menos dispuestas a comerciar con el presente consumo para consumo futuro.

(c) Ninguna de las anteriores

2. La desviación estándar es una medida de

(a) Ni riesgo ni retorno

(b) Volver

(c) Riesgo y rentabilidad

(d) Riesgo

3. Una acción que se comercializa en el mercado con grandes volúmenes se llama

(a) Stock líquido

(b) Stock ilíquido

(c) Stock de valor

(d) Stock de crecimiento

4. ¿Cuál de las siguientes opciones no es una ruta de salida típica para un inversor de capital privado?

(a) IPO

(b) NCD

(c) Recompra

(d) Venta estratégica

5. Cuando el Sistema de la Reserva Nacional eleva las tasas de interés, ¿cuál es el impacto esperado en inflación?

(a) Disminuciones

(b) Sin impacto

(c) Incrementos

6. ¿Qué es el CFMA?

(a) Mercado Federal Oficial

(b) Comité de Mercado de la Oficina Federal

(c) Comité Federal de Mercado Abierto

7. ¿Qué mide el IPC?

(a) Presión corporativa

(b) Inflación

(c) Gasto del consumidor

8. ¿Por qué los promedios móviles son útiles como herramienta de negociación?

(a) Los estudios demuestran que es mejor que otras herramientas de análisis.

(b) Da señales comerciales perfectas.

(c) Hace que sea más fácil detectar una tendencia.

9. ¿Es posible operar en Forex durante la semana a las 3 AM?

(a) Sí, el mercado está abierto 24/6.

(b) Sí, pero solo las monedas asiáticas.

(c) Solo si es aprobado por un distribuidor senior.

10. ¿Cuál es el propósito de una orden de detención?

(a) Detener la pérdida en una operación

(b) Detener la pérdida en una posición cerrada

(c) Para ayudar a los nuevos comerciantes

11. ¿Cuándo debería un comerciante esperar la mayor volatilidad del mercado de un reporte?

(a) Cuando el informe es notablemente diferente de las expectativas

(b) Cuando el informe es como se esperaba

(c) Cuando el informe es ligeramente diferente de las expectativas

12. ¿Cuáles son ejemplos de cosas que afectan el mercado de divisas?

(a) Empleo / informes de trabajo

(b) El número de recién nacidos en México

(c) ¿Cuántos ven las noticias por cable esta semana?

13. Un modelo que describe la relación entre el riesgo y el retorno esperado y se utiliza en la fijación de precios de los valores se conoce mejor como:

(a) Modelo Beta

(b) Hipótesis de mercado eficiente

(c) Línea de mercado de seguridad

(d) CAPM

14. El riesgo se mide por

(a) Volatilidad

(b) Tasas de interés

(c) Devoluciones

(d). Ninguna de las anteriores

15. Un bono de cupón cero tendrá cero riesgo _____

(a) Riesgo de reinversión

(b) Riesgo de tasa de interés

(c) Riesgo de incumplimiento

(d) Riesgo de inflación

16. Usted es un comerciante internacional que está haciendo negocios con México. Adquirirá una gran cantidad de pesos en el futuro cercano y teme que el valor del peso disminuya. ¿Cómo puedes proteger tu posición?

(a) Vender contratos de futuros en pesos

(b) Vender contratos de futuros en dólares

(c) Comprar contratos de futuros en pesos

(d). Ninguna de las anteriores

17. Johan espera 15,000 USD como regalo de su tío. El dinero será recibido en un mes. Planea invertir el 50% de su donación en acciones. Las tendencias recientes en los precios de las acciones indican que los precios de las acciones pueden subir. Las próximas elecciones pueden amortiguar el espíritu de los comerciantes y si el gobierno decide adoptar una política económica estricta. Basándose en la información dada, ¿qué debe hacer Johan si quiere beneficiarse del rally a corto plazo en los precios de las acciones?

(a) Comprar futuros / opciones sobre índices largos

(b) Compre acciones del mercado spot pidiendo prestado dinero

(c) Futuros de índice de venta corta

(d). Ninguna de las anteriores

18. Los rendimientos del stock A y del stock B tienen un coeficiente de correlación de –1. Cuando el precio de la acción A se aprecia en un 12%, ¿cómo se comportará el precio de la acción B?

(a) Depreciar en 12%

(b) Se aprecia en un 12%

(c) Depreciar en 6.0%

(d) Permanecer sin cambios

19. Si un bono se vende con una prima

(a) Su tasa de cupón está por debajo de la tasa de mercado.

(b) Es una inversión atractiva.

(c) Su rendimiento compuesto realizado será menor que el rendimiento al vencimiento.

(d) Su rendimiento actual es menor que la tasa de cupón.

20. NASDAQ es

(a) NASDAQ (acrónimo de National Association of Securities Dealers Automated Quotation) es una bolsa de valores estadounidense.

(b) Una sección de la NYSE donde se negocian acciones tecnológicas.

(c) El símbolo comercial de una compañía acuática que figura en el Amex.

La hoja de respuestas está al final de libro.

PREGUNTAS DE LA ENTREVISTA DE CANDIDATO A FINANZAS

Las preguntas de la entrevista presentadas deben usarse como una advertencia de qué esperar en una entrevista típica. Se preparará mejor formulando sus respuestas a varias versiones de las preguntas en esta guía. Ya sea con un compañero o solo, deseara sentirse tan cómodo como pueda con este TIPO de preguntas. Todo esto con el objetivo de pulirlo tanto como sea posible.

Los empleadores buscan candidatos con lo siguiente: Contenido, habilidades prácticas o adaptativas.

- **Contenido**: conocimiento específico del trabajo, por ejemplo, comercio, lenguaje, codificación, programación, etc.

- **Habilidades prácticas**: habilidades desarrolladas a partir de trabajos o actividades anteriores que el empleador considera valioso, por ejemplo, organizar, dirigir, desarrollando, comunicando, etc.

- **Habilidades adaptativas:** características personales como ser confiable, jugador de equipo, motivado, puntual, etc.

¿Cuál es la estrategia óptima para responder a estos tipos de preguntas?

Debe responder, con una descripción general de la tarea o problema, especificar acciones que realizó y el resultado final de sus acciones. La respuesta debe contener todos los siguientes puntos.

Tarea: Nuestro equipo tuvo un rendimiento inferior, un comercio superior al promedio errores

Acción específica: creé y dirigí sesiones de capacitación para mejorar habilidades de ejecución comercial.

Resultado: redujimos los errores comerciales en un 50%.

Explicación de las opciones

- Cuéntame sobre ti y guíame por tu CV. Da un breve resumen de tu historial laboral.
- ¿Por qué elegiste tu universidad?
- ¿En qué cursos te fue mejor o peor?
- Cuéntame sobre tu experiencia universitaria o de posgrado.
- ¿Por qué dejaste tu última posición?
- ¿Qué aprendiste sobre ti en tu último trabajo?
- Cuénteme sobre sus razones para seleccionar esta industria.

- Dé ejemplos de cómo ha utilizado sus mejores habilidades.
- ¿Cuál es tu mayor debilidad?
- ¿Cuáles han sido sus mayores éxitos y logros?
- ¿Cómo lograste esto?
- ¿Cuáles fueron tus fracasos y qué aprendiste de ellos?
- Dime tu mayor pesar.

Motivaciones

- ¿Cuáles son tus logros más importantes?
- ¿Lo que te motiva?
- ¿Cuáles han sido identificadas como sus fortalezas clave?
- ¿Qué le atrae de este puesto?
- ¿Qué eventos han tenido un impacto en tu vida?
- ¿Qué tipo de actividades disfrutas?
- Comenta algo sobre ti que no pueda aprender de tu hoja de vida?
- ¿Qué harías si no tuvieras que trabajar por dinero?
- ¿Qué haces para divertirte?
- ¿Dónde te ves en 2-3 años?

Trabajo en equipo

- Describa un momento en que fuera miembro de un equipo que experimentaba dificultades ¿Qué hiciste? ¿Cuál fue el resultado?

- ¿Qué has hecho específicamente para promover el trabajo en equipo y cooperación entre individuos y grupos en una situación de negocios? ¿Cuál fue tu motivación? ¿Cuán efectivas fueron tus acciones?

- Hábleme de un gerente con el que haya trabajado y que usted respeté profundamente. ¿Cuáles son las características de esta persona que lo hace efectivos e inspirador como el líder de equipo?

- ¿Qué papel sueles tomar en un equipo?

Tratando con la incertidumbre

- Hábleme de un proyecto en el que trabajó que fuera constantemente cambiante e impredecible. ¿Cómo lo manejaste?

- Describa una situación en la que usted o las personas que lo rodean estaban incómodos debido a la falta de dirección o pautas. ¿Cómo reaccionaste y cuáles fueron los resultados?

Iniciativa

- Proporcione un ejemplo de un momento en el que trabajó en

un punto crítico de proyecto / trabajo con poca o ninguna supervisión. Cómo hizo ¿Continuar? ¿Cuál fue el resultado?

- ¿Cuál es el mejor ejemplo de cómo su iniciativa hizo la diferencia en lograr los resultados necesarios?

- Describa un proyecto en el que fue más allá de lo que fue se esperaba de ti.

- ¿Cuál es el mejor ejemplo que puede proporcionar de tomar un riesgo calculado en una situación incierta para ir tras un objetivo deseado?

Construyendo una relación

- Describe una experiencia en la que tuviste que superar fuertes resistencia a tus ideas o iniciativas. Describa su audiencia, la naturaleza del problema que discutiste con ellos, y los pasos que tomaste para influir en el grupo.

- Recuerde un momento en que convenció a otros para que hicieran lo que usted ha querido.

- Brinde el mejor ejemplo posible de cómo trabajó con éxito detrás de escena para influir en una importante decisión comercial

Liderazgo

- Proporcione un ejemplo de una situación en la que pudo mejorar el rendimiento de otra persona. Lo que llevó a la situación.

- Describa una situación en la que tuvo que hacerse cargo de la supervisión de un empleado? ¿Qué hiciste?

- Dame ejemplos de tus habilidades de liderazgo.

- ¿Qué dirían los miembros de tu equipo sobre ti si yo preguntara a ellos por comentarios sobre su estilo de liderazgo?

Creatividad

- Proporcione un ejemplo de cuándo vio negocios u oportunidades para generar ganancias. ¿Cómo le fue persiguiendo la oportunidad? ¿Cuál fue el resultado?

- Describa una situación en la que sugirió un enfoque creativo para resolver un problema ¿Fue aceptado?

- ¿Has sugerido una nueva idea a alguien recientemente? Cual fue la idea? ¿Qué motivó la idea?

- ¿Qué es lo más creativo / innovador que has tenido/hecho?

- Dame un ejemplo donde se te ocurriera una solución creativa a un problema.

Integridad

- Hábleme de un momento en que hizo una promesa difícil de mantener. ¿Qué hiciste para resolver la situación?

- ¿Ha enfrentado una situación en la que alguien no fue tratado justamente ¿Qué hiciste? ¿Cuál fue el resultado?

- Cuéntame sobre un momento en el cual colocaste intereses de alguien más delante de los tuyos. Lo que pasó por tu mente ¿cómo consideraste tu decisión? ¿Cómo te sentiste acerca de tu elección?

Rápido Aprendizaje

- Describa un momento en que ingresó a una nueva situación y rápidamente tuvo que adquirir conocimientos para entender lo que estaba sucediendo. ¿Qué herramientas usaste? ¿Cuál fue el resultado?

- ¿Cómo responde a las preguntas que involucran contenido con el cual usted no está familiarizado?

Equipo y cultura

- Describa lo que sería un ambiente ideal para usted.

- ¿Qué es lo que más disfrutas del entorno en el que trabaja actualmente? ¿Qué aspectos de su trabajo actual busca evitar en su próximo trabajo?

- ¿Qué crees que requiere esta posición y qué tan bien

cumple con esos requisitos?

- Describa las áreas más relevantes y específicas en su antecedentes que muestran que está calificado para este trabajo.

- ¿Qué es lo que más te importa en tu próxima posición?

- ¿Cómo define el estrés y cómo lo maneja?

- ¿Por qué estás interesando en esta posición?

- ¿Qué es lo que le interesa de nuestra compañía?

- Cuénteme sobre sus razones para seleccionar esta industria.

El cierre

- ¿Porque deberíamos contratarte?

- ¿Por qué eres la persona ideal para este puesto?

- ¿Qué te hace diferente de los otros candidatos?

- ¿Tiene alguna pregunta para mí / nosotros?

RECURSOS

Se ha demostrado que algunos de mis otros libros ayudan a los estudiantes y a los nuevos graduados. Por cierto, varios de ellos también están disponibles en español:

Programación de Algo:

Programación de asesores expertos para principiantes: Estrategias de máximo beneficio de MT4 Forex.

Análisis tecnológico:

Análisis técnico para Forex explicado.

Blockchain:

Blockchain: aplicaciones y comprensión del mundo real.

Sitios web:

Uno de los mejores sitios para buscar trabajos y artículos relacionados con inversión, banca y finanzas en general: https://www.efinancialcareers.com/

Educación práctica en mercados de capital y orientación profesional:

https://www.gcmsonline.info/

CONCLUSIÓN

Gracias por llegar hasta el final de *Consiguiendo ese primer trabajo o Pasantías en Finanzas*. Esperemos que fuera informativo y capaz de proporcionarle las herramientas que necesita para lograr su objetivos de asegurar un trabajo en finanzas que lo rete! El siguiente paso es practicar las preguntas de la entrevista hasta que se vuelvan naturales para ti. Para los que quieren ahondar en el tema, pueden visitar mi sitio web para otras opciones.

¡La mejor de las suertes para ti!

PERFIL DEL AUTOR

Wayne Walker es el director de educación de los mercados de capitales mundiales y firma de consultoría (gcmsonline.info). Tiene varios años experiencia liderando y entrenando equipos de asesores de inversiones y ha gestionado equipos de alto rendimiento en el grupo de clientes privados basado en Bench Mark Earnings (BME). Además, es conocido por ayudar a muchos en asegurar sus primeros trabajos en finanzas.

La hoja de respuestas de evaluación de GCMS

1 - A

2 - D

3 - A

4 - B

5 - A

6 - C

7 - B

8 - C

9 - A

10 - A

11 - A

12 - A

13 - D

14 - A

15 - A

16- A

17- A

18 - A

19 - D

20 - A

www.ingramcontent.com/pod-product-compliance
Lightning Source LLC
Chambersburg PA
CBHW070501220526
45466CB00004B/1917